박재이 글·그림

 **머리말**

사자성어는 네 글자로 이루어진 한자 성어예요. 예부터 전해지는 말인 만큼 교훈도 유래도 깊이 있게 담겨있어요. 시대를 넘나드는 지혜가 있는 만큼 일상에서도 많이 사용하는데요. 하지만 최근에 만들어진 말이 아니라서 이해하기가 쉽지 않고, 뜻을 알아도 금방 까먹기 일쑤죠. 어린이뿐만 아니라 어른들도 사자성어의 정확한 뜻을 모를 때가 많답니다.

일상에서 많이 쓰이는 사자성어! 어떻게 공부해야 할까요? 한자를 쓰고 외워가며 공부하는 것도 좋지만, 일단 자주 보면서 익숙해지는 게 중요해요. 무엇이든 처음이 어렵지, 그다음은 쉽게 느껴지거든요.

앞으로 책에서 만나게 될 '따따와 친구들'의 이야기는 어린이 친구들에게 영감을 받아 만들었어요. 따따의 장난기 넘치는 성격도 강의에서 만난 어린이 친구들의 성격을 따왔죠. 친구들이 가장 좋아하던 그림체로, 친구들의 이야기

를 담아 그림을 그렸으니 재미있게 읽을 수 있을 거예요.
들고 다니며 하루 한 장씩 만화로 사자성어를 읽다 보면 자연스럽게 머릿속에 사자성어가 새겨진답니다. 처음에는 어렵고 낯설게만 느껴지던 사자성어지만, 만화를 한 번 읽고 두 번 읽고 또 읽다 보면 어느새 사자성어가 쉽게 느껴질 거예요. 일상에서도 술술 사자성어를 말하게 되죠. 이제 따따와 친구들의 일상을 만날 준비가 되셨나요?

바쁠 때마다 먼저 나서서 도움 주신 디자이너 민주 님, 늘 아이디어를 제공해 주고 도와준 남편 삼영, 책이 나올 수 있도록 도와주신 출판사. 무엇보다 늘 영감을 주는 우리 어린이 친구들에게 다시 한번 감사의 말씀을 전합니다.

 박재이 드림

 차례

001 각인각색 各人各色, 사람마다 각각 다름 • 10
002 간담상조 肝膽相照, 속마음을 터놓고 친밀히 사귐 • 12
003 경국지색 傾國之色, 나라를 기울게 할 만큼의 미인 • 14
004 고성방가 高聲放歌, 거리에서 큰 소리를 내고 노래를 부름 • 16
005 공명정대 公明正大, 하는 일이나 태도가 떳떳함 • 18
006 구사일생 九死一生, 아홉 번 죽을 고비를 넘김 • 20
007 권선징악 勸善懲惡, 선을 권하고 악을 나무람 • 22
008 금의환향 錦衣還鄕, 출세하여 고향에 돌아옴 • 24
009 기고만장 氣高萬丈, 우쭐하여 뽐내는 기세 • 26
010 기상천외 奇想天外, 엉뚱하고 기발함 • 28
011 남녀노소 男女老少, 남자와 여자 노인과 어린이 • 30
012 노발대발 怒發大發, 몹시 화가 나서 성을 냄 • 32
013 다사다난 多事多難, 여러 가지 일도 많고 탈도 많음 • 34
014 대동단결 大同團結, 같은 생각으로 모여 함께 행동함 • 36
015 대동소이 大同小異, 큰 차이 없이 유사함 • 38
016 대서특필 大書特筆, 특별히 두드러지게 큰 글자로 씀 • 40
017 도학선생 道學先生, 융통성이 없는 사람을 말함 • 42
018 독불장군 獨不將軍, 모든 일을 자기 뜻대로만 처리함 • 44
019 독서삼도 讀書三到, 독서를 하는 세 가지 방법 • 46
020 동고동락 同苦同樂, 괴로울 때나 즐거울 때나 함께 함 • 48
021 동병상련 同病相憐, 같은 처지의 사람끼리 서로 가엾게 여김 • 50
022 동분서주 東奔西走, 이리저리 몹시 바쁘게 다님 • 52
023 마이동풍 馬耳東風, 남의 말을 귀담아듣지 않고 흘려버림 • 54
024 막역지우 莫逆之友, 허물없이 아주 친한 친구 • 56
025 만장일치 滿場一致, 모든 사람의 의견이 같게 통일됨 • 58

026 명명백백 明明白白, 의심의 여지 없이 아주 명백함 * 60
027 명불허전 名不虛傳, 이름값은 괜히 생긴 것이 아님 * 62
028 무용지물 無用之物, 제대로 쓰지 못해 쓸모없이 됨 * 64
029 문전성시 門前成市, 찾는 사람이 많아 문 앞이 몹시 붐빔 * 66
030 물심양면 物心兩面, 물질과 마음 모든 면을 말함 * 68
031 박학다식 博學多識, 학식이 넓고 아는 것이 많음 * 70
032 반신반의 半信半疑, 반은 믿고 반은 못 믿는다는 말 * 72
033 백발백중 百發百中, 무슨 일도 틀림없이 잘 맞춘다 * 74
034 부전자전 父傳子傳, 아버지와 아들이 똑 닮았다는 말 * 76
035 비일비재 非一非再, 수없이 많이, 자주 있음 * 78
036 사실무근 事實無根, 근거가 없거나 터무니 없음 * 80
037 산전수전 山戰水戰, 세상의 온갖 어려움을 다 겪음 * 82
038 삼삼오오 三三五五, 몇몇이 무리 지어 다님 * 84
039 삼십육계 三十六計, 서른여섯 가지의 계책 * 86
040 삼한사온 三寒四溫, 3일간 춥고 4일간 따뜻함 * 88
041 선견지명 先見之明, 미리 앞을 내다보는 지혜 * 90
042 속수무책 束手無策, 어찌할 도리가 없이 꼼짝 못 함 * 92
043 속전속결 速戰速決, 어떤 일을 빨리 진행하여 빨리 끝냄 * 94
044 순망치한 脣亡齒寒, 한쪽이 없으면 다른 쪽도 영향을 받음 * 96
045 신토불이 身土不二, 내가 사는 곳의 농산물이 내게 맞는다 * 98
046 십년지기 十年知己, 오래전부터 사귀어 잘 아는 사람 * 100
047 아비규환 阿鼻叫喚, 비참한 지경에 빠져 울부짖는 참상 * 102
048 안분지족 安分知足, 분수에 만족하고 편안함을 안다 * 104
049 양자택일 兩者擇一, 둘 중에 하나를 선택하여 고름 * 106
050 언중유골 言中有骨, 말속에 뼈가 있다 * 108

 # 차례

051 오리무중 五里霧中, 어떤 일에 방향이나 갈피를 못 잡음 * 110
052 오매불망 寤寐不忘, 자나 깨나 잊지 못하고 그리워함 * 112
053 오비이락 烏飛梨落, 까마귀 날자, 배 떨어진다 * 114
054 오월동주 吳越同舟, 싫어하는 사람끼리 한배를 탐 * 116
055 오합지졸 烏合之卒, 규율이 없고 무질서하게 모인 군중 * 118
056 온고지신 溫故知新, 옛것을 배워 새것을 깨달음 * 120
057 와신상담 臥薪嘗膽, 온갖 어려움과 괴로움을 참고 견딤 * 122
058 왕좌지재 王佐之才, 왕을 만들 재능을 가진 사람 * 124
059 외유내강 外柔內剛, 겉은 부드럽고 속은 강함 * 126
060 유구무언 有口無言, 입이 있어도 변명을 못 함 * 128
061 유구불언 有口不言, 할 말이 있지만 하지 않는다 * 130
062 유명무실 有名無實, 명성은 있으나 실속은 없다 * 132
063 유유상종 類類相從, 형편이 비슷한 사람끼리 모인다 * 134
064 유일무이 唯一無二, 세상에 오직 하나뿐이고 둘은 없음 * 136
065 유지경성 有志竟成, 뜻이 있는 사람은 반드시 성공한다 * 138
066 의미심장 意味深長, 말이나 글의 뜻이 매우 깊다 * 140
067 이소성대 以小成大, 작은 것으로 큰 것을 이룬다 * 142
068 인사불성 人事不省, 정신을 잃어 의식이 없는 상태 * 144
069 인사유명 人死留名, 사람은 죽어서 이름을 남긴다 * 146
070 인산인해 人山人海, 사람이 수없이 많이 모인 상태 * 148
071 인생무상 人生無常, 사람의 삶이 허무하고 덧없음 * 150
072 인인성사 因人成事, 다른 사람의 힘을 빌려 일을 이룸 * 152
073 일각천금 一刻千金, 짧은 시간도 천금처럼 귀중함 * 154
074 일맥상통 一脈相通, 상태, 성질 등이 서로 통하거나 비슷함 * 156
075 일벌백계 一罰百戒, 한 명을 벌주어 백 명을 경계시킴 * 158

076 일석이조 一石二鳥, 한 번에 두 가지 이득을 봄 * 160
077 일심동체 一心同體, 몸과 마음이 하나처럼 굳건한 관계 * 162
078 일자무식 一字無識, 한 글자도 모를 만큼 무식함 * 164
079 일장일단 一長一短, 장점이 있으면 단점도 있다 * 166
080 일장춘몽 一場春夢, 헛된 꿈이나 덧없는 일 * 168
081 일파만파 一波萬波, 하나의 물결이 만개의 파도를 일으킴 * 170
082 일확천금 一攫千金, 한 번에 큰 재산이나 이익을 얻음 * 172
083 자격지심 自激之心, 자신을 보잘것없이 여김 * 174
084 임시방편 臨時方便, 일시적으로 상황을 해결하는 방안 * 176
085 자급자족 自給自足, 필요한 것을 스스로 생산해 해결함 * 178
086 자고이래 自古以來, 옛날부터 지금까지 이르는 동안 * 180
087 자문자답 自問自答, 스스로 묻고 답하다 * 182
088 자수성가 自手成家, 자신의 힘으로 집안을 일으킴 * 184
089 전대미문 前代未聞, 들어본 적 없는 놀랍고 새로운 일 * 186
090 죽마고우 竹馬故友, 어릴 때부터 같이 놀며 자란 친구 * 188
091 진퇴양난 進退兩難, 이러지도 저러지도 못하는 상황 * 190
092 천신만고 千辛萬苦, 온갖 어려운 고비를 다 겪음 * 192
093 천재일우 千載一遇, 좀처럼 만나기 어려운 좋은 기회 * 194
094 천차만별 千差萬別, 모든 사람이나 사물엔 차이가 존재함 * 196
095 청산유수 靑山流水, 막힘없이 술술 잘하는 말 * 198
096 파죽지세 破竹之勢, 거침없이 물리치고 전진하는 기세 * 200
097 팔방미인 八方美人, 여러 방면에 모두 능통한 사람 * 202
098 표리부동 表裏不同, 겉과 속의 생각과 행동이 다름 * 204
099 호가호위 狐假虎威, 남의 권세를 빌려 위세를 부림 * 206
100 호연지기 浩然之氣, 거침없이 넓고 큰 기개 * 208
101 환골탈태 換骨奪胎, 사람이 좋게 변해 딴사람이 됨 * 210

 따따와 친구들...

따따

장난꾸러기
따따따

'춤추는 게 특기!! 흥 많은 고양이!'
호기심이 많은 따따는 항상 사건 사고의 중심에 있답니다. 장난기 많은 성격 탓에 따따를 짓궂다고 생각하는 친구들도 있어요. 좋아하는 건 미스터리 유튜브 보기, 교실에서 춤추기입니다. 무엇보다 모두의 관심을 가장 좋아해요!

하얀이

분위기 메이커
하얀이

'누구에게나 친절한 초롱초롱한 눈빛의 강아지'
하얀이가 있는 곳엔 늘 웃음이 넘쳐요. 시끌벅적한 따따와 척척박사 도도, 소심이 두찌가 함께 어울려 놀 수 있는 것도 하얀이의 둥글둥글하고 이해심 넘치는 성격 덕이랍니다. 늘 친구들을 칭찬해 주는 따뜻한 마음을 가졌어요. 단, 먹을 걸 훔쳐 가면 무척 예민해진답니다.

도도

'척척박사 빨간 안경 토끼'
평소에 책 보는 걸 좋아하는 도도는 모르는 게 없는 척척박사랍니다. 도도는 계획적인 성격이라 대책 없이 사고 치는 따따를 이해하지 못해요. 시력이 좋지만, 안경을 쓰는 엉뚱한 면이 있어요.

동동

'맹한 걸까? 용감한 걸까? 정체불명 수달'
동동이는 자주 멍한 표정을 지어서 무슨 생각을 하는지 알기 힘들어요. 말보다는 행동이 빠른 편이라, 동동이도 사건 사고의 중심에 있답니다. 조개껍질 모으는 취미가 있어요. 자기가 좋아하는 걸 이야기할 때는 눈이 빛나고 말이 많아요.

두찌

'소심하고 겁많은 울보 두더지'
마음이 여려 사소한 것에도 감동하고 슬퍼하는 감성파예요. 겁이 많은 두찌는 활발한 친구들을 부러워할 때가 많습니다. 평소 마음의 안정을 위해 담요를 두르고 다니는데 담요를 벗으면 왕(큰) 점이 있고, 난폭해진다는 소문도 있어요.

001
각인각색 各人各色
각각 사람인 각각 빛색

사람마다 각각 다름

'사람마다 각자의 빛깔이 있다는 말'로 친구와 내가 다른 것처럼 사람마다 각자 다른 개성이 있다는 말이에요.

〈예문〉 따따와 친구들은 각인각색으로 의견이 다르다.

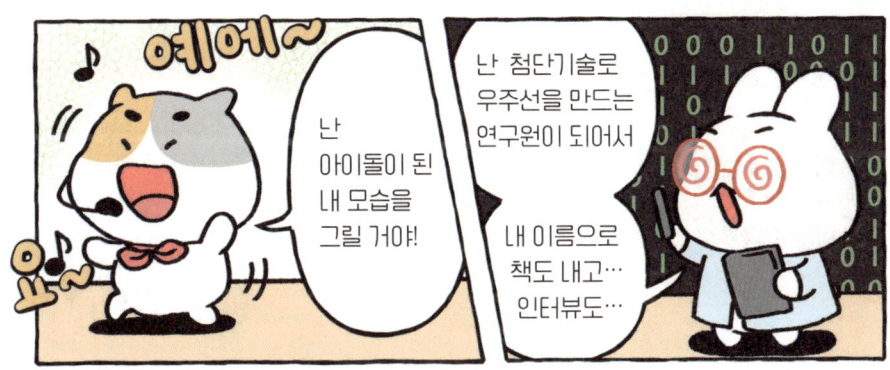

002 간담상조 肝膽相照
간 간 쓸개 담 서로 상 비출 조

속마음을 터놓고 친밀히 사귐

'몸속에 있는 간과 쓸개를 꺼내 서로 보인다'는 뜻으로 서로 마음을 터놓고 친밀히 지낸다는 말이에요.

〈예문〉 간담상조하던 친구가 떠나 마음이 쓸쓸하다.

003

경국지색 傾國之色
기울 경 나라 국 어조사 지 빛 색

나라를 기울게 할 만큼의 미인

'임금이 혹하여 나라가 기울어져도 모를 정도의 미인'이라는 뜻으로 뛰어나게 아름다운 미인을 이르는 말이에요.

〈예문〉 그녀는 경국지색이라 할 만한 미모를 가지고 있었다.

004 고성방가 高聲放歌
높을고 소리성 놓을방 노래가

거리에서 큰 소리를 내고 노래를 부름

'큰 소리로 떠들고 마구 노래를 부른다'는 뜻이에요.

〈예문〉 밤에 어떤 남자가 골목길에서 고성방가로 시끄럽게 하고 있다.

005
공명정대 公明正大
공평할 공 밝을 명 바를 정 클 대

하는 일이나 태도가 떳떳함

'마음이 공평하고 사심이 없으며 밝고 크다'는 뜻이에요. 하는 일이나 태도가 아주 정당하고 떳떳하다는 말이에요.

〈예문〉 이 사기 사건은 반드시 공명정대하게 처리할 거야.

06 구사일생 九死一生
아홉구 죽을사 한일 날생

아홉 번 죽을 고비를 넘김

'아홉 번 죽을 뻔하다 한 번 살아난다'는 뜻으로 죽을 고비를 여러 차례 넘기고 겨우 살아남았음을 말해요.

〈예문〉 구사일생으로 목숨을 건졌어!

007 권선징악 勸善懲惡

권할권 착할선 징계할징 악할악

선을 권하고 악을 나무람

'착한 일을 권장하고 악한 일을 징계한다'는 뜻이에요.

〈예문〉 그 악당의 결말은 권선징악으로 끝났어.

008
금의환향 錦衣還鄉
비단 금 옷 의 돌아올 환 시골 향

출세하여 고향에 돌아옴

'비단옷을 입고 고향에 돌아온다'는 뜻으로, 출세하여 고향에 돌아가거나 돌아옴을 비유적으로 이르는 말이에요.

〈예문〉 동동이는 금의환향을 꿈꾸며 서울로 향했다.

009
기고만장 氣高萬丈
기운기 높을고 일만만 어른장

우쭐하여 뽐내는 기세

'일이 뜻대로 되어 씩씩한 기운이 뻗친다'는 뜻으로 일이 뜻대로 잘될 때, 우쭐하여 뽐내는 기세가 대단하다는 말이에요.

〈예문〉 너는 도대체 무얼 믿고 그렇게 기고만장이니?

010 기상천외 奇想天外

기특할 기 · 생각 상 · 하늘 천 · 바깥 외

엉뚱하고 기발함

'생각이 기이해 하늘의 바깥에 있다'는 뜻으로 보통 사람이 짐작할 수 없을 정도로 엉뚱하고 기발한 생각을 뜻하는 말이에요.

〈예문〉 따따의 행동이 기상천외해서 도도는 할 말을 잃었다.

011

남녀노소
男女老少
사내남 여자녀 늙을노 적을소

남자와 여자 노인과 어린이

'남자와 여자 늙은이와 젊은이'를 뜻하는 말로 곧 모든 사람을 말해요.

〈예문〉 남녀노소를 막론하고 모두가 좋아하는 가수가 될 거야!

012 노발대발 怒發大發
성낼노(로) 필발 클대 필발

몹시 화가 나서 성을 냄

'성이 나서 화를 내고 또 크게 낸다'는 뜻으로 몹시 노하여 펄펄 뛰며 성을 낸다는 말이에요.

〈예문〉 엄마는 따따가 창문 깬 것을 보고 노발대발했다.

013

다사다난 多事多難
많을다 일사 많을다 어려울난

여러 가지 일도 많고 탈도 많음

'많은 일과 많은 어려움'이라는 뜻으로, 여러 가지 일도 많고 어려움이나 탈도 많다는 말이에요.

〈예문〉 두찌는 다사다난했던 발표를 무사히 마쳤다.

014

대동단결 大同團結
큰대 같을동 모일단 맺을결

같은 생각으로 모여 함께 행동함

'여러 집단이나 사람이 어떤 목적을 이루려고 하나로 뭉쳤다는 뜻'으로 같은 목표를 이루기 위해 의견을 모으고 함께 행동하는 모습을 나타내는 말이에요.

〈예문〉 대동단결해서 시련을 이겨내야 해.

015
대동소이 大同小異
클대 한가지동 작을소 다를이

큰 차이 없이 유사함

'크게 보면 같고 작은 차이만이 있다'는 뜻으로, 큰 차이 없이 유사하다는 말이에요.

〈예문〉 이번 여름방학 숙제는 작년과 대동소이 하단다.

016
대서특필 大書特筆
큰대 글서 특별할특 붓필

특별히 두드러지게 큰 글자로 씀

'특별한 붓으로 크게 썼다'는 뜻으로, 특별히 두드러지게 잘 보이도록 큰 글자로 썼다는 말이에요.

〈예문〉 이번 사건을 신문에서는 연일 대서특필하고 있다.

017 도학선생 道學先生
길도 배울학 먼저선 날생

융통성이 없는 사람을 말함

'도덕의 이론에만 밝고 실제의 세상일은 잘 모른다'는 뜻으로, 융통성 없는 사람을 놀림조로 이르는 말이에요.

〈예문〉 두찌는 책을 많이 읽었지만, 그 지식을 활용하지 못하는 도학선생 같아.

018

독불장군
獨不將軍
홀로독 아닐불 장수장 군사군

모든 일을 자기 뜻대로만 처리함

'무슨 일이든 자기 생각대로 혼자 처리하는 사람'이라는 뜻으로, 고집이 세서 다른 사람에게 따돌림받는 외로운 사람을 말해요.

〈예문〉 도도는 독불장군이라서 충고를 안 들어.

애들아~~ 오늘 칠판 청소 당번은 제비뽑기로 정하자~!

집중!

투

오늘 칠판 당번은

도도가 당첨되었어!

응 알았어! 이 도도님만 믿으라고!

빼꼼!

019

독서삼도
讀書三到
읽을독 글서 석삼 이를도

독서를 하는 세 가지 방법

입으로 다른 말을 하지 않고 책을 읽는 첫 번째 방법, 눈으로 다른 것을 보지 않고 책만 잘 보는 두 번째 방법, 마음속에 깊이 새기는 세 번째 방법을 말해요.

〈예문〉 독서삼도 하면 이 책을 통달할 수 있어.

020 동고동락 同苦同樂
한가지동 쓸고 한가지동 즐길락

괴로울 때나 즐거울 때나 함께 함

'괴로움도 즐거움도 함께한다'는 뜻으로 어떤 상황에서도 함께한다는 말이에요.

〈예문〉 따따는 어릴 때부터 동동이와 동고동락을 해 왔다.

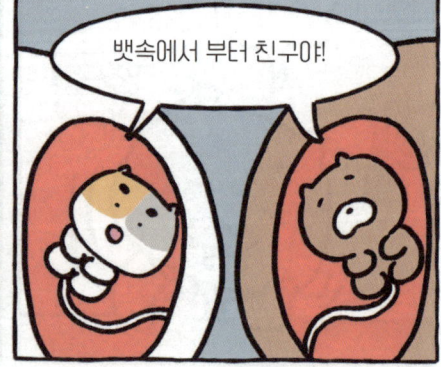

021 동병상련 同病相憐
한가지동 병병 서로상 불쌍히여길련

같은 처지의 사람끼리 서로 가엾게 여김

'같은 병을 앓는 사람끼리 서로 가엾게 여긴다'는 뜻으로, 어려운 처지에 있는 사람끼리 서로 가엾게 여김을 이르는 말이에요.

〈예문〉 동병상련이라고 힘든 일을 당해 봐야 남을 생각할 줄도 알게 된다.

022

동분서주
東奔西走
동녘동 달릴분 서녘서 달릴주

이리저리 몹시 바쁘게 다님

'동쪽으로 뛰고 서쪽으로 뛴다'는 뜻으로, 이리저리 사방으로 몹시 바쁘게 돌아다님을 이르는 말이에요.

〈예문〉 하얀이는 친구들에게 줄 크리스마스 선물을 사느라 동분서주했다.

023 마이동풍 馬耳東風
말 마 귀 이 동녘 동 바람 풍

남의 말을 귀담아듣지 않고 흘려버림

'동풍이 말의 귀를 스쳐 간다는 뜻'으로, 남의 말을 귀담아 듣지 아니하고 지나쳐 흘려버림을 이르는 말이에요.

〈예문〉 도도가 따따에게 충고했지만 따따는 마이동풍이다.

024
막역지우
莫逆之友
없을막 거스를역 어조사지 벗우

허물없이 아주 친한 친구

'서로 거스름이 없는 친구'라는 뜻으로, 허물이 없이 아주 친한 친구를 이르는 말이에요.

〈예문〉 하얀이와 두찌는 막역지우다.

025

만장일치
滿場一致
찰만 마당장 한일 이를치

모든 사람의 의견이 같게 통일됨

'회의장에 모인 모든 사람들의 의견이 하나로 모였다'는 뜻으로 모든 사람의 의견이 같다는 말이에요.

〈예문〉 현장 체험학습 장소는 만장일치로 놀이공원이 되었다.

앗! 배가…

왜 그래? 동동아!

헉!

배고파~

어라! 그러고 보니

나도!!!

026

명명백백
明明白白
밝을 명 밝을 명 흰 백 흰 백

의심의 여지 없이 아주 명백함

'매우 밝고 매우 희다'는 뜻으로, 누가 보아도 의심의 여지 없이 아주 명백하다는 말이에요.

〈예문〉 근거가 명명백백한데 아직도 거짓말이니?

027

명불허전
名不虛傳
이름명 아닐불 빌허 전할전

이름값은 괜히 생긴 것이 아님

'명성이나 명예가 헛되이 퍼진 것이 아니라'는 뜻으로, 이름 날 만한 까닭이 있음을 이르는 말이에요.

〈예문〉 여기가 100년 된 맛집이라더니 명불허전이다!

동동아~ 수영 그만하고 빨리 나와봐!

왜애애?

028 무용지물 無用之物
없을무 쓸용 어조사지 만물물

제대로 쓰지 못해 쓸모없이 됨

'쓸모없는 물건이나 사람'이라는 뜻으로 존재하지만, 쓰임새가 없어 값어치를 못 하는 물건을 말해요.

〈예문〉 지우개가 잘 안 지워지다니 이 지우개는 무용지물이야.

029 문전성시 門前成市

문 문 앞 전 이룰 성 저자 시

찾는 사람이 많아 문 앞이 몹시 붐빔

'문 앞이 마치 시장이 선 것 같다'는 뜻으로 찾아오는 사람이 너무 많아 문 앞이 방문객으로 몹시 붐빈다는 말이에요.

〈예문〉 그 회사는 오늘도 아이돌 연습생이 되고 싶어 하는 친구들로 문전성시를 이룬다.

030
물심양면
物心兩面
물건물 마음심 두량(양) 낯면

물질과 마음 모든 면

'물질적인 것과 정신적인 것의 두 방면'이라는 뜻으로 돈과 물건 같은 물질로도 마음으로도 돕는다는 말이에요.

〈예문〉 따따는 태풍 피해로 집을 잃은 사람들을 물심양면으로 도왔다.

031 박학다식 博學多識
넓을박 배울학 많다다 알식

학식이 넓고 아는 것이 많음

'널리 배우고 많이 안다'는 뜻으로 학식이 넓고 아는 것이 많은 사람을 말해요.

〈예문〉 도도는 독서를 많이 해서 박학다식하다.

애들아~~~! 반 대항 퀴즈대회가 열린대!

우승한 반에는 상으로 반 전체에 햄버거 세트를 준대!

당장 준비하자!

032

반신반의 半信半疑
반반 믿을신 반반 의심할의

반은 믿고 반은 못 믿음

'반만 믿고 반은 의심한다'는 뜻으로 얼마쯤은 믿으면서도 한편으로는 의심한다는 말이에요.

〈예문〉 두찌는 따따의 말을 반신반의했다.

033

백발백중 百發百中
일백백 필발 일백백 가운데중

무슨 일도 틀림없이 잘 맞춤

'총이나 활 따위를 백 번 쏘아 백 번 맞힌다'는 뜻으로, 무슨 일이든 틀림없이 잘 들어맞는다는 말이에요.

〈예문〉 글쎄 그 군인은 백발백중 명사수라니까.

034 부전자전 父傳子傳

아버지父 전할傳 아들子 전할傳

아버지와 아들이 똑 닮음

'대대로 아버지가 아들에게 전한다'는 뜻으로 아들의 성격이나 생활 습관 따위가 아버지로부터 대물림된 것처럼 같거나 비슷하다는 말이에요.

〈예문〉 하얀이와 아빠는 잠자는 모습이 부전자전이다.

035 비일비재 非一非再
아닐 비 한 일 아닐 비 두 재

수없이 많이, 자주 있음

'하나도 아니고 둘도 아니다'라는 뜻으로 같은 현상이나 일이 한두 번이나 한둘이 아니고 많다는 말이에요.

〈예문〉 요즘 도난 사건이 비일비재하게 벌어지고 있다.

036 사실무근 事實無根
일사 열매실 없을무 뿌리근

근거가 없거나 터무니 없음

'사실에 뿌리를 내리지 않았다'는 뜻으로 근거가 없거나 터무니없음을 말해요.

〈예문〉 그 소문은 사실무근으로 밝혀졌다.

037
산전수전
山戰水戰
메 산 싸움 전 물 수 싸움 전

세상의 온갖 어려움을 다 겪음

'산에서도 싸우고 물에서도 싸웠다'는 뜻으로, 세상의 온갖 고생과 어려움을 다 겪었음을 이르는 말이에요.

〈예문〉 다들 그렇듯이 하얀이도 산전수전 다 겪으며 살아왔다.

038

삼삼오오
三三五五
석삼 석삼 다섯오 다섯오

몇몇이 무리 지어 다님

'세 명씩 혹은 다섯 명씩'이라는 뜻으로 서너 사람 또는 대여섯 사람이 무리 지어 다니거나 무슨 일을 도모하는 모습을 말해요.

〈예문〉 따따와 친구들은 삼삼오오 함께 몰려다닌다.

039
삼십육계
三十六計
석삼 열십 여섯륙 셀계

서른여섯 가지의 계책

'원래는 서른여섯 가지의 계책'이라는 뜻이지만, 삼십육계 줄행랑이 관용어가 되면서, 서른여섯 가지나 되는 많은 꾀 중에서 도망치는 것이 제일 좋은 꾀라는 말로 쓰인다.

〈예문〉 삼십육계 줄행랑을 놓다.

040 삼한사온 三寒四溫
석 삼 찰 한 넉 사 따뜻할 온

삼일간 춥고 사일간 따뜻함

'3일간 춥고 4일간 따뜻하다'는 뜻으로 한국을 비롯하여 아시아의 동북부에서 나타나는 겨울 기온의 변화를 말해요.

〈예문〉 올겨울은 삼한사온 현상이 뚜렷했다.

041

선견지명
先見之明
먼저선 볼견 어조사지 밝을명

미리 앞을 내다보는 지혜

'앞을 내다보는 안목'이라는 뜻으로, 어떤 일이 일어나기 전에 미리 앞을 내다보고 아는 지혜를 말해요.

〈예문〉 선견지명으로 영어 공부를 오래전에 시작했다.

042

속수무책 束手無策
묶을속 손수 없을무 꾀책

어찌할 도리가 없이 꼼짝 못 함

'손이 묶여 어떠한 계책도 세울 수 없다'는 뜻으로 손을 묶은 것처럼 어찌할 도리가 없이 꼼짝 못 함을 말해요.

〈예문〉 그의 계략에 속수무책으로 당했다.

043 속전속결 速戰速決
빠를속 싸움전 빠를속 결단할결

어떤 일을 빨리 진행하여 빨리 끝냄

'빨리 싸워 빨리 결단을 낸다'는 뜻으로, 어떤 일을 빨리 진행하여 빨리 끝냄을 비유적으로 이르는 말이에요.

〈예문〉 두찌와의 닭싸움은 속전속결로 이겼지!

044 순망치한 脣亡齒寒
입술 순 망할 망 이 치 찰 한

한쪽이 없으면 다른 쪽도 영향을 받음

'입술이 없으면 이가 시리다'는 뜻으로, 서로의 관계가 밀접한 사이에 한쪽이 망하면 다른 한쪽도 영향을 받아 온전하기 어려움을 이르는 말이에요.

〈예문〉 갈빗집이 망해 정육점도 순망치한이 될지 걱정이다.

045 신토불이 身土不二
몸신 흙토 아닐불 두이

내가 사는 곳의 농산물이 내게 맞는다

'몸과 땅은 둘이 아니고 하나'라는 뜻으로, 자기가 사는 땅에서 나온 농산물이 체질에 잘 맞음을 이르는 말이에요.

〈예문〉 신토불이라고 내 몸엔 역시 우리 농산물이 최고야!

두찌야~ 이거 먹어! 할아버지가 갖다주래!

우와아아~ 이게 뭐야?

할아버지가 직접 구우신 사과 파이야~!

두찌야~ 그때 네가 가서 일을 도와준 덕분에… 농사가 잘 되었대~!

046 십년지기 十年知己
열십 해년(연) 알지 몸기

오래전부터 사귀어 잘 아는 사람

'십 년 동안 알아 온 사이'라는 뜻으로 오래전부터 친히 사귀어 잘 아는 사람을 말해요.

〈예문〉 오늘은 내 십년지기 친구를 만나는 날이다.

동동이 엄마의 회상

047

아비규환
阿鼻叫喚
언덕아 코비 부르짖을규 부를환

비참한 지경에 빠져 울부짖는 참상

'불교에 나오는 아비지옥과 규환지옥을 아울러 이르는 말'로, 여러 사람이 비참한 지경에 빠져 울부짖는 참상을 비유적으로 이르는 말이에요.

〈예문〉 전쟁 후 병원은 그야말로 아비규환이다.

048 안분지족 安分知足
편안안 나눌분 알지 발족

분수에 만족하고 편안함을 안다

'분수에 편안하고 만족할 줄 안다'는 뜻으로, 자기 신세나 형편에 불만을 가지지 않고 평안하게 사는 것을 말해요.

〈예문〉 시골에서 욕심을 버리고 안분지족하며 살 거야.

049 양자택일 兩者擇一
두량(양) 놈자 가릴택 한일

둘 중에 하나를 선택하여 고름

'두 가지를 두고 하나를 가린다'는 뜻으로, 선택 가능한 둘 중에서 하나를 고른다는 말이에요.

〈예문〉 떡볶이냐 마라탕이냐, 양자택일로 고민하고 있다.

050
언중유골 言中有骨
말씀언 가운데중 있을유 뼈골

말속에 뼈가 있다

'말속에 뼈가 있다'는 뜻으로, 예사로운 말 속에 단단한 속뜻이 들어 있음을 이르는 말이에요.

〈예문〉 언중유골이라고, 그 말을 내게 한 이유가 있구나!

051 오리무중 五里霧中
다섯오 속리 안개무 가운데중

어떤 일에 방향이나 갈피를 못 잡음

'오리나 되는 짙은 안개 속에 있다'는 뜻으로, 무슨 일에 대하여 방향이나 갈피를 잡을 수 없음을 이르는 말이에요.

〈예문〉 그 탈주범의 행방은 오리무중 상태이다.

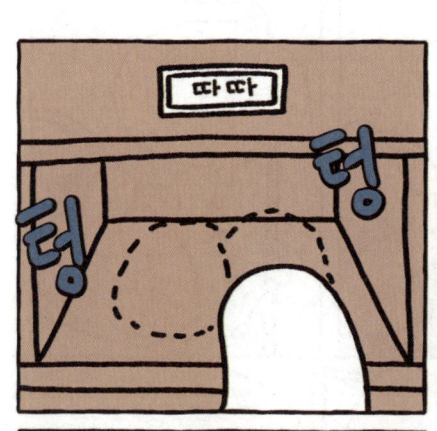

052 오매불망 寤寐不忘

잠깰오 잘매 아닐불 잊을망

자나 깨나 잊지 못하고 그리워함

'자나 깨나 잊지 못한다'는 뜻으로 좋아하는 사람을 보고 싶어 하는 마음이 커서 깨어 있을 때도, 누워있을 때도 늘 그리워한다는 말이에요.

〈예문〉 고향에 두고 온 가족을 오매불망 그리워하다.

053
오비이락
烏飛梨落
까마귀오 날비 배나무이 떨어질락

까마귀 날자, 배 떨어진다

'까마귀 날자, 배 떨어진다'는 뜻으로, 아무 관계도 없이 한 일이 공교롭게도 때가 같아 억울하게 의심을 받거나 난처한 위치에 서게 됨을 이르는 말이에요.

〈예문〉 두찌가 슈퍼에 갔을 때 도난 사건이 발생해 오비이락으로 의심을 받고 있다.

~ 도도와 따따의 첫 만남 ~

054

오월동주
吳越同舟

성씨오 넘을월 한가지동 배주

싫어하는 사람끼리 한배를 탐

'오나라 사람과 월나라 사람이 한배를 탔다'는 뜻으로 서로 싫어하는 사람들이 한자리에 있게 된 경우나 서로 협력하여야 하는 상황을 비유적으로 이르는 말이에요.

〈예문〉 우리는 같은 목표가 있으니 오월동주로 협력하지 뭐.

055
오합지졸 烏合之卒
까마귀오 합할합 어조사지 마칠졸

규율이 없고 무질서하게 모인 군중

'까마귀가 모인 것처럼 질서가 없이 모인 병졸'이라는 뜻으로, 임시로 모여들어 규율이 없고 무질서한 병졸 또는 군중을 이르는 말이에요.

〈예문〉 오합지졸이라서 통솔이 제대로 안 된다.

056 온고지신 溫故知新
쌓을 온 연고 고 알 지 새 신

옛것을 배워 새것을 깨달음

'옛것을 배워 새것을 안다'는 뜻으로 과거의 일을 공부하면 새로운 것을 알 수 있는 지혜를 얻는다는 말이에요.

〈예문〉 전통은 온고지신의 정신으로 계승되어야 한다.

쉬는 시간이다!

사회 시간은 역시 재미없어.

에휴

바보야! 재미로 공부하냐?

상식인데 알아야지!

궁금?

그럴지만 지루해~

온고지신도 모르냐?

옛것을 배우면 새로운 걸 더 많이 알 수 있다고…

057 와신상담 臥薪嘗膽
누울 와 섶 신 맛볼 상 쓸개 담

온갖 어려움과 괴로움을 참고 견딤

'불편한 섶에 몸을 눕히고 쓸개를 맛본다'는 뜻으로, 원수를 갚거나 마음먹은 일을 이루기 위하여 온갖 어려움과 괴로움을 참고 견딤을 비유적으로 이르는 말이에요.

〈예문〉 원수를 갚기 위해 와신상담했다.

058 왕좌지재 王佐之才

임금 왕 도울 좌 어조사 지 재주 재

왕을 만들 재능을 가진 사람

'임금을 도울 만한 재능'이라는 뜻으로 임금을 보좌하여 큰 공을 세울 능력이나, 한 사람을 왕으로 만들 수 있는 능력을 갖춘 사람을 가리키는 표현이에요.

〈예문〉 따따는 왕좌지재니 크게 성공할 거야!

059
외유내강 外柔內剛
바깥 외 부드러울 유 안 내 굳셀 강

겉은 부드럽고 속은 강함

'겉은 부드럽고 안은 강직하다'는 뜻으로 겉으로는 부드럽고 순한 인상이지만, 속마음은 곧고 굳은 심성을 가진 사람을 가리키는 표현이에요.

〈예문〉 동동이는 외유내강한 사람이야.

060 유구무언 有口無言
있을유 입구 없을무 말씀언

입이 있어도 변명을 못 함

'입은 있어도 말은 없다'는 뜻으로, 변명할 말이 없거나 변명을 못함을 이르는 말이에요.

〈예문〉 내가 너무 잘못했어! 유구무언일 따름이야.

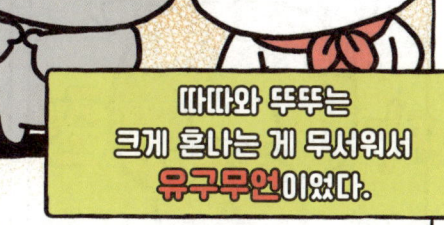

061 유구불언 有口不言
있을유 입구 아닐불 말씀언

할 말이 있지만 하지 않는다

'입은 있지만 말하지 않는다'는 뜻으로, 할 말이 있지만 사정이 거북하거나 딱분하여 말을 하지 않는다는 말이에요.

〈예문〉 말이 통하지 않아 도도는 유구불언 했다.

062 유명무실 有名無實
있을유 이름명 없을무 열매실

명성은 있으나 실속은 없다

'이름은 있지만 열매는 없다'는 뜻으로 겉보기에는 그럴듯하고 훌륭하지만 실제로는 그렇지 않다는 것을 말해요.

〈예문〉 집에 운동기구가 있지만 오래되어 유명무실하다.

063 유유상종 類類相從
무리류 무리류 서로상 좇을종

형편이 비슷한 사람끼리 모인다

'같은 무리끼리 서로 따르고 좇는다'는 뜻으로, 생김이나 성향, 상황이나 형편이 비슷한 사람들끼리 모이는 상황을 부정적으로 표현할 때 쓰는 말이에요.

〈예문〉 유유상종이라고 너희들끼리 모였구나?

064 유일무이 唯一無二
오직유 한일 없을무 두이

세상에 오직 하나뿐이고 둘은 없음

'오직 하나뿐이고 둘은 없다'는 뜻으로 다른 어떤 것으로도 대체할 수 없는 가치를 가진 물건이나 사람을 표현하는 말이에요.

〈예문〉 우리 집 강아지는 나에게 유일무이의 존재야.

065 유지경성 有志竟成
있을유 뜻지 마침내경 이룰성

뜻이 있는 사람은 반드시 성공한다

'뜻이 있어 마침내 이루다'는 뜻으로, 이루고자 하는 뜻이 있는 사람은 반드시 성공한다는 것을 비유하는 말이에요.

〈예문〉 매일매일 저렇게 노력하다니 하얀이는 분명 유지경성할 거야.

066 의미심장 意味深長
뜻 의 맛 미 깊을 심 길 장

말이나 글의 뜻이 매우 깊다

'말이나 글의 뜻이 매우 깊다'는 뜻으로 어떤 상황이나 행위가 겉으로 드러난 것 외에 다른 의도나 계획이 있는 경우에 쓰이는 말이에요.

〈예문〉 그는 의미심장한 웃음을 지었다.

도도야~

톡톡

씨익

으아아악~

뭐야? 그 의미심장한 미소는? 무섭게 왜 그런 표정을 짓고 그래?

나 쳐다보지마!

덜덜덜

067 이소성대 以小成大
쌔이 작을소 이룰성 클대

작은 것으로 큰 것을 이룬다

'작은 일에서부터 시작하여 큰일을 이룬다'는 뜻으로, 티끌 모아 태산이라는 말과 같은 의미로 사용되는 말이에요.

〈예문〉 이소성대의 마음으로 오늘도 하나씩 해보는 거야!

068 인사불성 人事不省
사람 인 일 사 아닐 부 살필 성

정신을 잃어 의식이 없는 상태

'제 몸에 벌어지는 일을 모를 만큼 정신을 잃은 상태'를 뜻하는 말로 사람으로서의 예절을 차릴 줄 모를 때, 정신을 잃어 의식이 없는 상태를 표현하는 말이에요.

〈예문〉 쯧쯧 인사불성이 돼서 아무말이나 하다니.

069 인사유명 人死留名

사람인 죽을사 머무를유 이름명

사람은 죽어서 이름을 남긴다

'사람은 죽어서 이름을 남긴다'는 뜻으로, 사람의 삶이 헛되지 아니하면 그 이름이 길이 남음을 이르는 말이에요.

〈예문〉 나는 인사유명한 작곡가가 될 거야.

070

인산인해 人山人海
사람 인 메 산 사람 인 바다 해

사람이 수없이 많이 모인 상태

'사람이 산을 이루고 바다를 이루었다'는 뜻으로, 사람이 수없이 많이 모인 상태를 이르는 말이에요.

〈예문〉 백화점 크리스마스트리 앞은 사진을 찍는 사람들로 인산인해를 이루었다.

071 인생무상 人生無常

사람인 날생 없을무 떳떳할상

사람의 삶이 허무하고 덧없음

'사람의 삶이 덧없음'을 뜻하는 말로 인생이 한결같지 않아 보장되는 것이 없다는 말이에요.

〈예문〉 교통사고로 친구를 잃다니 정말 인생무상이군.

072

인인성사
因人成事
인할 인 · 사람 인 · 이룰 성 · 일 사

다른 사람의 힘을 빌려 일을 이룸

'남의 힘으로 일을 이룬다'는 뜻으로 어떤 일을 자기 혼자의 힘으로 이루지 못하고 다른 사람의 힘을 빌려 일을 이룬다는 말이에요.

〈예문〉 그 친구의 성공은 인인성사로 만들어져 부럽지 않아.

073

일각천금
一刻千金

한일 새길각 일천천 쇠금

짧은 시간도 천금처럼 귀중함

'일각이란 옛날 한 시의 첫째 시각'을 뜻하는 말로 15분을 의미해요. 일각천금이란 그 15분이 천금의 값어치라는 뜻으로 짧은 시간도 천금처럼 귀중함을 이르는 말이에요.

〈예문〉 오늘 나에겐 1분 1초가 일각천금이다.

074 일맥상통 一脈相通
한일 줄기맥 서로상 통할통

상태, 성질 등이 서로 통하거나 비슷함

'하나의 줄기가 통한다'는 뜻으로 사고방식, 상태, 성질 따위가 서로 통하거나 비슷해진다는 말이에요.

〈예문〉 우린 일맥상통하는 면이 많다.

075 일벌백계 一罰百戒

한일 벌할벌 일백백 경계할계

한 명을 벌주어 백 명을 경계시킴

'한 사람을 벌주어 백 사람을 경계한다'는 뜻으로, 다른 사람들에게 경각심을 불러일으키기 위해 본보기로 한 사람에게 엄한 처벌을 하는 일을 이르는 말이에요.

〈예문〉 그 학생의 처벌은 일벌백계의 본보기다.

076 일석이조 一石二鳥
한일 돌석 두이 새조

한 번에 두 가지 이득을 봄

'돌 한 개를 던져 새 두 마리를 잡는다'는 뜻으로, 동시에 두 가지 이득을 봄을 이르는 말이에요.

〈예문〉 여행을 하면서 배우니 일석이조가 아닌가?

077 일심동체 一心同體
한일 마음심 한가지동 몸체

몸과 마음이 하나처럼 굳건한 관계

'한마음 한 몸'이라는 뜻으로, 서로 굳게 결합한 형태를 이르는 말이에요.

〈예문〉 부부는 일심동체라고 한다.

078

일자무식
一字無識
한일 글자자 없을무 알식

한 글자도 모를 만큼 무식함

'글자를 한 자도 모를 정도로 무식함'을 뜻하는 말로 어떤 분야에 대하여 아는 바가 전혀 없음을 비유적으로 이르는 말이에요.

〈예문〉 난 국어는 잘하지만, 영어는 일자무식이야.

079 일장일단 一長一短
한일 길장 한일 짧을단

장점이 있으면 단점도 있다

'하나는 길고 하나는 짧다'는 말로 어떤 사물이나 상황 등에 장점이 있으면 동시에 단점도 존재한다는 것을 비유적으로 이르는 말이에요.

〈예문〉 너무 고민하지 마! 무엇이든 일장일단이 있단다.

080
일장춘몽
一場春夢
한일 마당장 봄춘 꿈몽

헛된 꿈이나 덧없는 일

'한바탕의 봄 꿈'이라는 뜻으로, 인생의 모든 부귀영화가 꿈처럼 덧없는 사라지는 것과 덧없는 일을 비유적으로 이르는 말이에요.

〈예문〉 지난날이 일장춘몽 같네.

081
일파만파
一波萬波
한일 물결파 일만만 물결파

하나의 물결이 만개의 파도를 일으킴

'하나의 물결이 연쇄적으로 많은 물결을 일으킨다'는 뜻으로, 한 사건이 그 사건에 그치지 않고 잇따라 많은 사건으로 번짐을 이르는 말이에요.

〈예문〉 그 소문은 일파만파로 퍼져 나갔다.

082 일확천금 一攫千金
한일 움킬확 일천천 쇠금

한 번에 큰 재산이나 이익을 얻음

'한 번에 천금을 얻는다는 말'로 단 한 번에 큰 재산이나 이익을 얻는다는 말이에요.

〈예문〉 일확천금의 꿈이 산산이 깨졌다.

083

자격지심 自激之心
스스로자 격할격 어조사지 마음심

자신을 보잘것없이 여김

'스스로 부딪치는 마음'이라는 뜻으로 자기가 한 일에 대하여 형편없고 보잘것없이 여기는 마음을 말해요.

〈예문〉 너 그렇게 쪼잔하게 구는 거 자격지심 때문이지?

084 임시방편 臨時 方便
임할임 때시 모방 편할편

일시적으로 상황을 해결하는 방안

'임시로 사용하는 방안'이라는 뜻으로 문제나 곤란한 상황을 해결하기 위해 일시적으로 사용하는 방안을 말해요.

〈예문〉 천장을 임시방편으로 막아 놓았다.

085 자급자족 自給自足
스스로 자 줄 급 스스로 자 발 족

필요한 것을 스스로 생산해 해결함

'자기에게 필요한 건 스스로 생산하여 충당한다'는 뜻으로, 사람이나 단체가 누군가의 도움 없이 스스로 생산하고 소비하는 모습을 표현하는 말이에요.

〈예문〉 옛날 농경사회는 자급자족하는 사회였다.

086 자고이래 自古以來
스스로 자 옛 고 써 이 올 래

옛날부터 지금까지 이르는 동안

'예로부터 내려오면서'라는 뜻으로, 옛날부터 지금까지 모든 것을 다 이르는 말이에요.

〈예문〉 자고이래로 우리나라 사람들은 흰옷을 즐겨 입었어!

087 자문자답 自問自答
스스로자 물을문 스스로자 대답답

스스로 묻고 답하다

'스스로 묻고 스스로 대답한다'는 뜻으로 자기가 묻고 자기가 대답하는 모습을 나타내는 말이에요.

〈예문〉 도도는 떡볶이가 얼마나 맛있는가에 대해 자문자답을 계속했다.

088 자수성가 自手成家

스스로 자 손 수 이룰 성 집 가

자신의 힘으로 집안을 일으킴

'자기 손으로 집을 이룬다는 뜻'으로 물려받은 재산이 없이 자기 혼자의 힘으로 집안을 일으키고 재산을 모은다는 말이에요.

〈예문〉 할아버지는 자수성가해 큰 회사를 만드셨대.

089 전대미문
前代未聞
앞전 대신할대 아닐미 들을문

들어본 적 없는 놀랍고 새로운 일

'이전 시대까지 들어보지 못했다'는 뜻으로 지금까지 들어본 적 없이 놀랍거나 새로운 일을 표현하는 말이에요.

〈예문〉 신문에서 본 소식은 전대미문의 사건이다.

090

죽마고우
竹馬故友
대죽 말마 연고고 벗우

어릴 때부터 같이 놀며 자란 친구

'대나무 말을 타고 놀던 벗'이라는 뜻으로, 어릴 때부터 같이 놀며 자란 친구를 말해요.

〈예문〉 얘긴 내 죽마고우야.

091 진퇴양난 進退兩難
나아갈진 물러날퇴 두량 어려울난

이러지도 저러지도 못하는 상황

'나아가기도 물러나기도 어려운 상황'이라는 뜻으로 이러지도 저러지도 못하는 어려운 처지를 표현하는 말이에요.

〈예문〉 앞은 낭떠러지, 뒤는 호랑이가 쫓아오니 진퇴양난이구나.

092 천신만고 千辛萬苦
일천 천 매울 신 일만 만 쓸 고

온갖 어려운 고비를 다 겪음

'천 가지 매운 것과 만 가지 쓴 것'이라는 뜻으로, 온갖 어려운 고비를 다 겪으며 심하게 고생함을 이르는 말.

〈예문〉 천신만고 끝에 여행을 마치고 돌아왔다.

093 천재일우 千載一遇
일천천 실을재 한일 만날우

좀처럼 만나기 어려운 좋은 기회

'천 년 동안 단 한 번 만난다'는 뜻으로, 좀처럼 만나기 어려운 좋은 기회를 이르는 말이에요.

〈예문〉 이번 올림픽은 천재일우의 기회야!

애들아~ 같이 바다 놀러오니까 좋다!

응응! 부모님들끼리 친하니 이런 게 좋다니까!

094 천차만별 千差萬別
일천**천** 다를**차** 일만**만** 나눌**별**

모든 사람이나 사물엔 차이가 존재함

'여러 가지 사물이 모두 차이가 있고 구별이 있다'는 뜻으로 이 세상에 사람도 사물도 똑같지 않다는 걸 강조할 때 쓰는 표현이에요.

〈예문〉 고양이도 성격이 천차만별이라니까.

095 청산유수 靑山流水
푸를청 메산 흐를류 물수

막힘없이 술술 잘하는 말

'푸른 산에 흐르는 맑은 물'이라는 뜻으로, 막힘없이 썩 잘하는 말을 비유적으로 이르는 말이에요.

〈예문〉 따따는 거짓말도 청산유수로 하는구나.

096
파죽지세
破竹之勢
깨뜨릴 파 대 죽 어조사 지 형세 세

거침없이 물리치고 전진하는 기세

'대나무를 쪼개는 기세'라는 뜻으로, 적을 거침없이 물리치고 쳐들어가는 기세를 이르는 말이에요.

〈예문〉 파죽지세로 적군의 성을 뚫었다.

097
팔방미인
八方美人
여덟팔 모방 아름다울미 사람인

여러 방면에 모두 능통한 사람

'동서남북 사방과 동북, 동남, 서북, 서남 여덟 방위에서 아름다운 사람'이라는 뜻으로, 여러 방면에 능통한 사람을 비유적으로 이르는 말이에요.

〈예문〉 하얀이는 못 하는 게 없는 팔방미인이다.

098 표리부동 表裏不同
겉표 속리(이) 아닐부 한가지동

겉과 속의 생각과 행동이 다름

'겉과 속이 같지 않다'는 뜻으로 겉으로 드러나는 언행과 속으로 가지는 생각이 다름을 표현하는 말이에요.

〈예문〉 그 탐관오리는 표리부동한 사람이니 조심하는 게 좋아.

099

호가호위
狐假虎威
여우호 거짓가 범호 위엄위

남의 권세를 빌려 위세를 부림

'여우가 호랑이의 위세를 빌린다'는 뜻으로, 남의 권세를 빌려 위세를 부린다는 말이에요.

〈예문〉 형만 믿고 호가호위할 생각이었니?

100 호연지기 浩然之氣
넓을 호 그럴 연 어조사 지 기운 기

거침없이 넓고 큰 기개

'하늘과 땅 사이에 가득 찬 넓고 큰 원기'라는 뜻으로 거침없이 넓고 큰 기개를 말해요.

〈예문〉 따따는 극기 훈련으로 호연지기를 키운다.

101 환골탈태 換骨奪胎

바꿀환 뼈골 빼앗을탈 아이밸태

사람이 좋게 변해 딴사람이 됨

'뼈대를 바꾸어 끼고 태를 바꾸어 쓴다'는 뜻으로, 사람이 보다 나은 방향으로 변하여 전혀 딴 사람처럼 되었음을 표현하는 말이에요.

〈예문〉 학교 앞 문방구는 환골탈태해서 이전과 딴판이다!

애들아~ 내일부터 방학이야!

다들 무슨 계획 있어?

나는… 학교 안 가니까~ 매일 12시까지 잘 거야!

난 다이어트 할 거야~

재미 GO! 어휘력 GO!
어린이 사자성어 101

| 펴낸날 | 초판1쇄 발행 2024년 08월 01일 |
| | 초판2쇄 발행 2025년 08월 01일 |

지은이 박재이
펴낸이 최병윤

펴낸곳 운곡서원
출판등록 2013년 7월 24일 제2024-000064호
주　소 서울시 은평구 증산로21가길 11-11, 103호
전　화 02-334-4045, 팩　스 02-334-4046

종　이 일문지업
인　쇄 수이북스

ⓒ박재이
ISBN 979-11-94116-06-6
가격 13,000원

· 운곡서원은 리얼북스의 인문, 역사 브랜드입니다.
· 잘못 만들어진 책은 구입하신 서점에서 바꾸어 드립니다.
· 독자 여러분의 소중한 원고를 기다립니다(rbbooks@naver.com).
· 저작권법에 따라 보호를 받는 저작물이므로 무단전제와 무단복제를 금합니다.